Miriam Schultze

Menschenskinder!
Weltgeschichten!

In den drei Völkerkundemuseen
Leipzig, Dresden und Herrnhut

Mit Zeichnungen von Miriam Zedelius

Homme Canette

(Dosenmenschen, franz: homme = Mensch / canette = Dose)
Die Dosenmenschen kommen von einem imaginären Planeten, um die Erde zu retten.
Ihre Auftritte sind laut und nicht zu übersehen. Auch im Grassimuseum waren sie schon:
während der Museumsnacht 2016.

Vorwort

Als ich vor einiger Zeit gefragt wurde, ob ich einen kleinen Wegweiser für Kinder durch die Ausstellungen der drei Völkerkundemuseen in Dresden, Leipzig und Herrnhut schreiben möchte, war schnell klar, dass sich dieses Buch nicht nur mit den vorhandenen 300.000 Objekten, sondern mit sämtlichen Fragen der Ethnologie auseinandersetzen muss. Die drei Völkerkundemuseen Sachsens mit ihren einzigartigen Objekten aus allen Teilen der Welt, befinden sich – wie alle ethnologischen Sammlungen – im Wandel. Die Aufarbeitung der eigenen Geschichte, die Überwindung eines ethnozentrischen Blickes auf die Welt sowie die Frage nach Restitution werden derzeit an europäischen Völkerkundenmuseen diskutiert. Daher führt auch dieses Buch die Leser nicht direkt in die Ausstellungsräume, sondern in einzelne Themenbereiche. Vielleicht mag es so manchen Leser verwundern, dass das Buch keine Antworten auf Fragen wie: »Wer sind die anderen? Wie leben sie?« liefert. Vielmehr stellt es die Frage nach dem »Wir«.

Wir, die Menschen, lieben beispielsweise das Sammeln und das Reisen. Wir Menschen sind neugierig aufeinander. Wir unterbrechen unseren Alltag, um zu feiern. Wir schmücken uns mit Tattoos, Piercings, mit bunten Hüten und komplizierten Frisuren. Wir lieben Musik, Tanz und Verkleidung. Und wir alle fragen uns, was nach dem Tod kommt.

All das ist Thema dieses Buches. Es geht auch um die Anfänge der Ethnologie, die eng an die Zeit des Kolonialismus geknüpft sind. Was ist Rassismus? Warum ist niemand frei von Vorurteilen? Die wunderbaren Illustrationen von Miriam Zedelius sollen die Leser mit in die Welt der Menschen - in unsere Wel – nehmen und Lust auf den Museumsbesuch machen. Und wenn du nach dem Lesen und Blättern der Seiten mehr Fragen hast als vorher, dann hat »Menschenskinder! Weltgeschichten!« seinen Zweck erfüllt!

Miriam Schultze

»Menschenskinder! Weltgeschichten!« ist der inzwischen neunte Band der Kinderbuchreihe, die die Staatlichen Kunstsammlungen Dresden seit 2005 zu ihren einzelnen Sammlungsbereichen herausgeben. Die Museumsführer für Kinder sind fester Bestandteil einer langjährigen Zusammenarbeit der Kulturstiftung Dresden der Dresdner Bank und der Staatlichen Kunstsammlungen Dresden. Gemeinsam verfolgen die beiden Institutionen das Ziel, die ästhetisch-kulturelle Bildung insbesondere junger Menschen zu fördern. Die Kulturstiftung Dresden der Dresdner Bank wünscht viel Spaß bei der Lektüre von »Menschenskinder! Weltgeschichten!« und hofft, dass es für jeden Besucher der Völkerkundemuseen etwas Neues und Spannendes als auch Nachdenkliches zu entdecken gibt.

Der Vorstand der Kulturstiftung Dresden der Dresdner Bank

Schamanenkleid aus Sibirien

Komm ins Grassimuseum, da kannst du es bestaunen!

Inhalt

1. Was ist ein Museum für Völkerkunde?

Völkerkunde oder auch »Ethnologie« (griech: éthnos = Volk / -logie = Lehre) ist eine Kulturwissenschaft. Wer Ethnologe oder Ethnologin werden und in einem Museum für Völkerkunde arbeiten möchte, studiert das Fach an einer Universität. Du willst wissen, womit sich Ethnologen beschäftigen?
Ethnologen interessieren sich für alles, was Menschen tun und denken. Sie wollen wissen, welche Vorstellungen Menschen über den Tod haben, wie sie ihren Alltag organisieren, ihre Kinder erziehen und Feste feiern ... ganz gleich ob in Australien, auf dem afrikanischen Kontinent oder in Sachsen.
Vor mehreren hundert Jahren war das Wort »Völkerkunde« gebräuchlicher als »Ethnologie«. Ein Völkerkundemuseum war damals eine Art Wunderkammer, ein Sammelsurium unbekannter Gegenstände aus der ganzen Welt.
Heute ist ein Völkerkundemuseum ein Platz mit vielen Geschichten über Menschen. Auch die Gegenstände, die du im Museum siehst, haben sehr viel erlebt und könnten sie sprechen, würden sie dir bestimmt die abenteuerlichsten Dinge erzählen.

2. Warum sammeln Menschen Dinge?

Fast jeder von uns hat eine eigene kleine Sammlung. Das können Fussballkarten, Spielzeugautos, Selbstgebasteltes oder Muscheln aus dem letzten Urlaub sein. Oder etwas ganz Anderes. Sammelst du auch etwas? Wenn ja, dann kennst du das wunderbare Gefühl, wenn du etwas gefunden hast, das dir in deiner Sammlung noch gefehlt hat. Du kannst auch Geschichten, Erinnerungen und Gedanken sammeln. Sammeln ist ein schöner Zeitvertreib. Sammeln macht gute Gefühle. Menschen sammeln also Dinge, weil es Spaß macht und weil sie sich dabei mit anderen Menschen austauschen können. Wer die gleichen Dinge sammelt, der fühlt sich miteinander verbunden. Auch Museen sind Sammlungen. Hier wird gemeinsam gesammelt, aufbewahrt, erforscht und das Gesammelte ausgestellt.

Else

Ingo sammelt Kronkorken.
Um sie einmal um die ganze Welt zu legen, bräuchte er ungefähr 2.000.000.000 Korken.

Ingo

Tracey

Oma Else sammelt Eierbecher. Sie hat schon 121 Stück.

Tracey sammelt Marathonläufe.
An sieben Läufen hat sie schon teilgenommen.

Lilo sammelt Pokémon-Karten.
Manchmal tauscht sie mit Freunden.
Aber niemals die Glitzerkarte von Zapplarang!

Betty sammelt Muscheln und Steine.

← Gemäldesammlung

Museum für Völkerkunde Dresden

Japanisches Palais, Palaisplatz 11, 01097 Dresden
Was gibt es hier zu sehen? Das Dresdner Damaskuszimmer.
Die Wand- und Deckenvertäfelungen stammen aus einem noblen
Wohnhaus aus Damaskus und sind über 200 Jahre alt.
Hier kannst du herausfinden, wie sie restauriert wurden.

3. Es waren einmal ein paar Sammler in Sachsen ...

Du fragst dich, wer die Sachen gesammelt hat, die heute in den drei Völkerkundemuseen
in Sachsen zu sehen sind? Das ist eine lange Geschichte.
Alles begann vor mehr als fünfhundert Jahren. Der Sächsische Kurfürst August gründete
in Dresden eine Kunstkammer, die man damals auch »Wunderkammer« nannte.
Die Besucher dieser ersten Museen sollten sich nämlich wundern über die Sachen,
die sie dort sehen konnten: Gerippe von seltenen Tieren, neue technische Erfindungen
und Gegenstände aus fernen Ländern. Fernsehen und Internet gab es damals noch nicht.
Hundert Jahre später lebte dann ein anderer Kurfürst: August der Starke. Er liebte Gemälde,
gutes Essen und Partys und sammelte Porzellan. Er reiste durch Europa und brachte
von dort viele Andenken für die Kunstkammer mit. Als er den König Ludwig von Frankreich
besuchte, war er beeindruckt von dessen königlichen Sammlungen. Solche Schlösser und
Schatzkammern wie König Ludwig wollte er auch haben. Also ließ August der Starke
in Dresden viele Schlösser bauen. Heute findest du darin die Museen der sächsischen
Kunstsammlungen, zu denen auch die drei Völkerkundemuseen gehören.

Völkerkundemuseum Herrnhut

Goethestraße 1, 02747 Herrnhut

Was gibt es hier zu sehen? Allerlei Objekte aus vielen Teilen der Welt. Das Museum
wurde im Jahre 1878 von Missionaren der Evangelischen Brüdergemeine gegründet.
Von ihren Missionsreisen haben sie viele Sachen mitgebracht, die du jetzt
im Völkerkundemuseum bestaunen kannst.

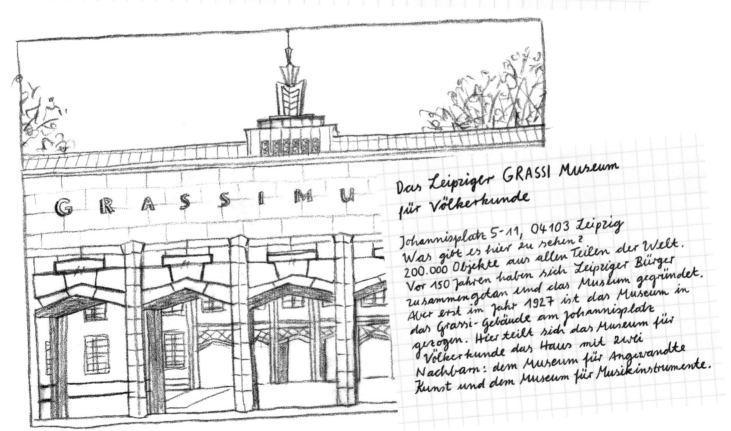

Das Leipziger GRASSI Museum für Völkerkunde

Johannisplatz 5-11, 04103 Leipzig
Was gibt es hier zu sehen?
200.000 Objekte aus allen Teilen der Welt.
Vor 150 Jahren haben sich Leipziger Bürger
zusammengetan und das Museum gegründet.
Aber erst im Jahr 1927 ist das Museum in
das Grassi-Gebäude am Johannisplatz
gezogen. Hier teilt sich das Museum für
Völkerkunde das Haus mit zwei
Nachbarn: dem Museum für Angewandte
Kunst und dem Museum für Musikinstrumente.

Zheng He (1371 - 1433)
Sein größtes Mitbringsel aus Ostafrika:
eine Giraffe für den Kaiser

Segel aus roter Seide

50 m

Santa Maria

Cristoforo Colombo (1441 - 1506)
Wollte eigentlich nach Indien:
ups...dann wurde es Amerika

Vasco da Gama (1469 - 1524)
Einmal Afrika umsegelt:
Seeweg nach Indien gefunden!

4. Über das Meer bis an das andere Ende der Welt

Menschen sind neugierg. Schon immer wollten sie die Welt entdecken und wissen, wie es hinter dem Horizont aussieht. Vor vielen hundert Jahren, als es weder Flugzeuge noch Internet gab, wussten die Menschen in Europa kaum etwas über die Kontinente und die Meere. Wer lebte auf der anderen Seite der Welt? Was gab es am Ende des Meeres? Kaufleute schätzten kostbare Gewürze und Seide aus Asien. Als Händler konnten sie mit Pfeffer und Zimt in Europa sehr reich werden. Sie nutzten zunächst den Landweg zwischen Asien und Europa. Aber gab es vielleicht auch einen leichteren und schnelleren Weg über das Meer, zum Beispiel nach Indien? Um unbekanntes Land und neue Handelsmöglichkeiten zu entdecken, machten sich Seefahrer im Auftrag ihrer Könige auf den Weg. Die Reisen, die du heute mit einem Flugzeug innerhalb weniger Stunden unternehmen kannst, dauerten damals viele Jahre, waren beschwerlich und manchmal musste der Plan unterwegs geändert werden. Kamen die Seefahrer eines Tages zurück, brachten sie Geschichten und Gegenstände mit, die die Menschen zuhause nicht kannten. Je schauriger diese Reiseberichte waren, um so mehr wurden sie von den Daheimgebliebenen als Helden gefeiert. Allerdings waren die Erzählungen oft voller Fantasiegeschichten über andere Länder und ihre Bewohner.

Willem Jansz (1570 - 1630)
Segelte nach Australien und kam ohne
Reisetagebücher zurück

James Cook (1728 - 1779)
Erfand ein Mittel gegen Skorbut:
Zitronen mit Zucker

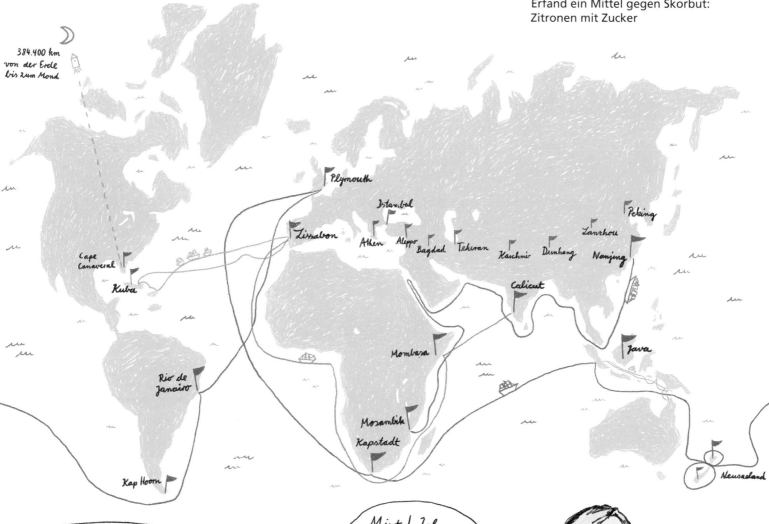

Neil Amstrong (1930 - 2012)
Landete als erster Mensch auf dem
Mond: am 24. Juli 1969

5. Und dann kam der Kolonialismus ...

Das Wort »Kolonialismus« kommt von »Kolonien bilden«. Vor mehr als zweihundert Jahren haben Menschen aus europäischen Ländern Kolonien in Ländern Afrikas und Asiens und in Australien und Amerika gegründet. Das klingt harmlos. Aber in Wirklichkeit war die Zeit des Kolonialismus sehr brutal. Die Europäer haben sich zu Besitzern ihrer Kolonialgebiete erklärt. Von den Bewohnern verlangten sie, sich unterzuordnen. Sie beschlossen: »Wir sind die Chefs! Wir bestimmen!« Alle, die damit nicht einverstanden waren, wurden bestraft oder getötet. Warum niemand ein schlechtes Gewissen hatte? Weil sich die Europäer für klüger und wertvoller hielten, als alle anderen Menschen auf der Welt. Damit haben sie ihre Taten gerechtfertigt.

Wir haben das Jahr 1884

Und was hat jetzt Ethnologie mit Kolonialismus zu tun? Sehr viel! Ethnologen sollten die Menschen in den Kolonien erforschen. Daher stammen viele Museumsobjekte, die du heute in den Völkerkundemuseen siehst, aus der Kolonialzeit. Inzwischen überlegen die Museen, einige der Gegenstände wieder an die Nachfahren ihrer ursprünglichen Besitzer zurückzugeben. Was denkst du darüber?

6. Rassismus ist ein Biest

Wir sind alle verschieden, auch wenn wir alle gleich sind. Manche Unterschiede können wir sehen, manche nicht. Wir sehen, ob wir unterschiedlich groß sind oder unterschiedliche Haarfarben haben. Wir sehen aber nicht, ob sich jemand sämtliche Fussballvereine der Welt merken kann oder ob jemand ein guter Freund ist.
Die vielen Unterschiede der Menschen waren auch für Ethnologen während der Kolonialzeit interessant. Vielleicht lebten ja ihre eigenen Vorfahren vor vielen hundert oder tausend Jahren so wie die Menschen in den Ländern des afrikanischen Kontinents?
Die Wissenschaftler gingen damals ähnlich wie Insektenforscher vor. Sie fotografierten die Menschen, notierten die Länge der Nasen, die Augenfarbe und den Kopfumfang.
Sie teilten Menschen in unterschiedliche Rassen ein. Heute wissen wir: Es gibt keine menschlichen Rassen! »Rasse« ist nur eine Idee. Es ist egal, welche Farbe die Augen haben und wie lang eine Nase ist. Äußerliche Merkmale verraten nichts über einen Menschen – weder über seine Herkunft, noch über seine Vorlieben.
Die Aufteilung der Menschen in Rassen ermöglichte den Europäern aber, sich als wertvollste Rasse zu fühlen und ohne schlechtes Gewissen, Menschen zu unterdrücken.
Das Ziel von Rassismus ist die Trennung der Menschen voneinander: in Menschen mit Macht und Menschen ohne Macht. Rassismus ist ein Biest, das auch heute noch überall lauert: in der Werbung, in Büchern, in Filmen, im Stadtbild und im Alltag, manchmal auch noch in Schulbüchern.

Auch Sprache kann rassistisch sein

Oft bezeichnen wir Böses als schwarz. Das ist abwertend und rassistisch. Kannst du dir vorstellen, dass sich jemand durch Wörter wie »Schwarzes Schaf« oder »Schwarzer Peter« geschmeichelt fühlt? Nein? Dann weg damit!

Oben oder unten? – Nur eine Frage der Perspektive

Tropische Hitze, Savanne, Zebras und Giraffen und Menschen in Wellblechhütten? Unser Bild von Afrika ist ziemlich eingeschränkt und oft sogar falsch. Wußtest du, dass Afrika kein Land sondern der zweitgrößte Kontinent der Erde ist?

= 54 LÄNDER

= NUR ASIEN IST NOCH GRÖSSER

= 2000 VERSCHIEDENE SPRACHEN

= 7 MEGASTÄDTE

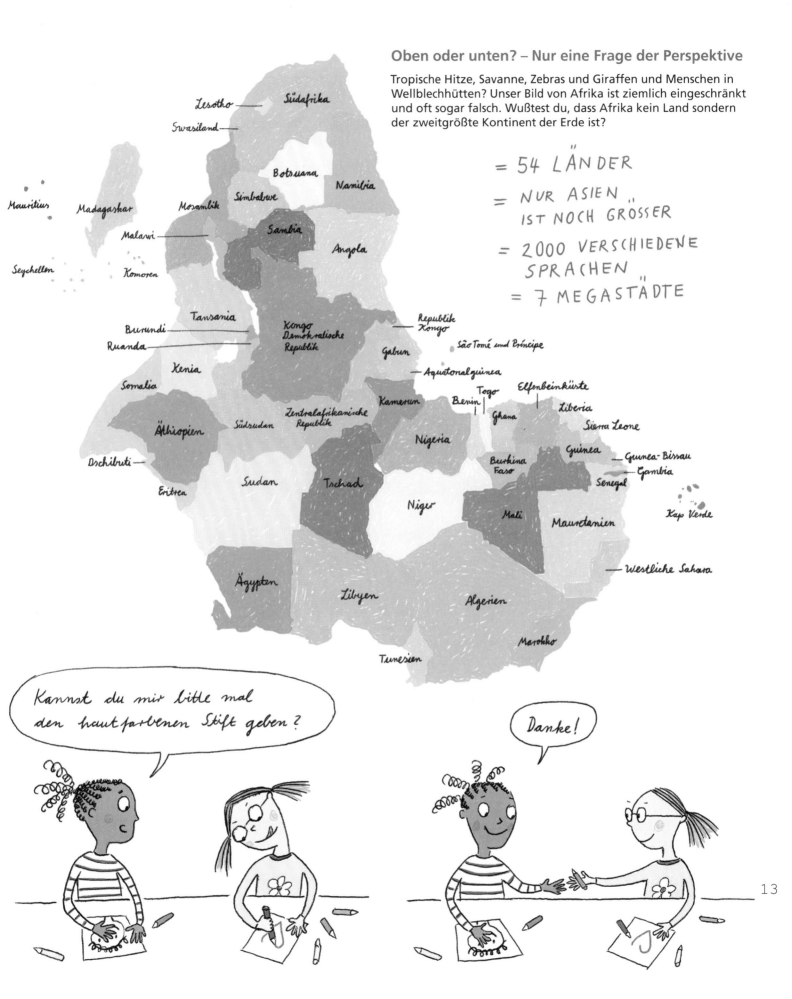

14

7. Achtung: Vorurteil!

Das Biest Rassismus hat einen kleinen fiesen Kumpel: das Vorurteil. Ein Vorurteil lässt uns glauben, dass wir bereits alles über den Anderen wissen, obwohl wir ihn noch gar nicht kennengelernt haben. Vorurteile machen uns ziemlich bequem. Vorurteile hindern uns daran, uns auf den Anderen einzulassen. Vorurteile sind hartnäckig und schwer auflösbar. Vorurteile wollen nämlich nicht erkannt werden.

Vorurteile sind ungerecht und manchmal auch rassistisch. Vorurteile behandeln Menschen nicht gleich, sondern orientieren sich an einer Vorstellung wie der Andere zu sein hat. Vorurteile verallgemeinern und verhindern so, die Geschichte des Einzelnen zu erfahren. Aber: Niemand ist völlig frei von Vorurteilen. Jeder hat sie ab und zu. Sich dessen bewusst zu sein, kann aber dabei helfen, sie zu überwinden.

8. Was ist Migration?

Menschen sind ständig in Bewegung. Wenn jemand dauerhaft in ein anderes Land umzieht, dann nennt man das Migration (lat.: »migratio« = wandern / umziehen). Ihre Heimat verlassen Menschen aus den unterschiedlichsten Gründen: weil sie keine Arbeit finden, weil in ihrem Land Krieg ist oder sie dort nicht frei ihre Meinung sagen dürfen. Natürlich erhoffen sich alle, dass durch die Migration ihr Leben etwas leichter und schöner wird. Es ist nicht einfach, Freunde und Verwandte zurückzulassen und ins Unbekannte aufzubrechen. Dazu bedarf es sehr viel Mut. Migration gibt es seit es Menschen gibt. Die Geschichte der Menschen ist daher immer auch eine Geschichte der Migration.

Lebensgefährlich: Viele Menschen flüchten in kleinen Booten über das Mittelmeer nach Europa. Oft sitzen 200 Menschen in einem Boot, das eigentlich nur für 50 Menschen gedacht ist. Im Jahr 2018 sind schon mehr als 1000 Menschen im Mittelmeer ertrunken. Darunter auch Kinder.

Die Berliner Mauer

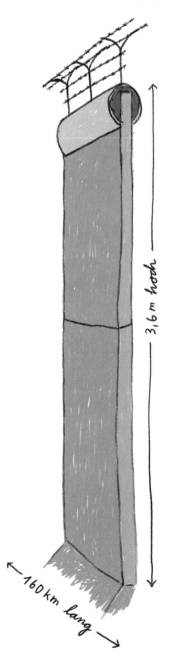

3,6 m hoch

160 km lang

Familie Habib

Familie Habib ist aus Syrien geflohen. In ihrem Land ist Krieg.

Andreas

Andreas ist in den 80er Jahren aus der DDR nach Westberlin geflohen.

Ebenfalls lebensgefährlich: Zwischen 1961 und 1989 wird Deutschland durch eine Grenze geteilt: in BRD und DDR. Die Grenze ist 1378 km lang. Auch durch Berlin verläuft eine Mauer. Rüberklettern war strengstens verboten! Wer es versucht hat, der wurde erschossen! Über 200 Menschen starben an der Berliner Mauer beim Versuch, die DDR zu verlassen.

16

Mahmoud liebt Tanaz. Sie sind deswegen
aus dem Iran nach Dänemark geflohen.
Im Iran ist es verboten, dass zwei Männer
sich lieben.

Dana kommt aus Frankfurt am Main.
Hier hat sie nach dem Studium keine
Arbeit gefunden. Jetzt hat sie in New
York einen Job in einem Museum.

Magnus aus Island hat sich in Maria
aus Peru verliebt. Jetzt lebt er in Peru.

Ano wohnte auf Tuvalu, einem kleinen
Inselstaat in Polynesien. Aufgrund der
Klimaveränderungen und des steigenden
Meeresspiegels wird Tuvalu oft überschwemmt
und von heftigen Stürmen bedroht.
Ano ist deshalb nach Neuseeland gezogen.

17

Losar

Der wichtigste Feiertag in Tibet ist »Losar«, das tibetische Neujahr. Die Menschen gratulieren sich gegenseitig, dass sie nun ein ganzes Jahr älter geworden sind. Losar ist also eine große Geburtstagsparty für alle! Tanz und Kostüme und ein Festessen gehören natürlich auch dazu.

Holifest

»Holi Hai!« (Frohes Holifest!) rufen sich die Menschen in Indien zum Holifest zu und bewerfen sich dabei gegenseitig mit buntem Farbpulver.

Chinesisches Neujahrsfest

In roten Briefumschlägen schenken sich die Menschen Geld. Und nicht vergessen: Fenster öffnen, um das Glück für das neue Jahr hereinzulassen!

Poppy Day

Jedes Jahr am 11. November feiern die Menschen in Großbritannien den Poppy Day. Zum Gedenken an die im Krieg Verstorbenen tragen alle eine Mohnblume aus Papier als Anstecker, sogar die Fussballspieler und die Königinnen. An diesem Tag sind sich alle einig: Krieg ist doof!

9. Pause vom Alltag: Feiertage

Menschen tun im Alltag immer wieder dieselben Dinge: aufstehen, sich anziehen, arbeiten, essen und schlafen. Das Leben könnte langweilig werden, gäbe es nicht manchmal abwechslungsreiche Unterbrechungen durch Feiertage und Feste. Wer kennt nicht das Gefühl von Neuanfang am ersten Tag im neuen Jahr oder die Vorfreude auf eine Geburtstagsfeier? Menschen feiern aus den unterschiedlichsten Gründen: wenn ein Kind geboren wird, wenn zwei Menschen heiraten oder ein neues Jahr oder eine andere Jahreszeit beginnt. Manchmal feiern viele Menschen in einer Gegend gemeinsam, manchmal feierst du nur für dich mit deiner Familie. Wer aber zusammen feiert, fühlt sich miteinander verbunden. Für jede Feierlichkeit haben sich die Beteiligten auf bestimmte Regeln geeinigt, oft dürfen sich die Gäste anders als im Alltag benehmen. Manchmal darf man sich auch mal so richtig daneben benehmen.

Ramadan

Während des Fastenmonats Ramadan verzichten die Erwachsenen von Sonnenaufgang bis Sonnenuntergang auf Speis und Trank. Das kann ziemlich anstrengend sein. Deshalb gibt es am Ende des Fastenmonats, wenn man es geschafft hat, ein großes Fest: Eid-al-Fitr. Zum gemeinsamen Fastenbrechen werden Datteln und Oliven als Erstes gereicht. Danach gibt es natürlich noch viel mehr zu essen.
Kleine Kinder, alte Menschen und schwangere Frauen fasten nicht. Aber sie versuchen, aufs Schimpfen, Fluchen und Lügen zu verzichten. Auch das kann manchmal eine ganz schön harte Übung sein.

Erster Schultag

Zur Einschulung gibt es für die Erstklässler in Deutschland eine große Schultüte, gefüllt mit Süßigkeiten. Das ist ein alter Brauch aus Sachsen. In Leipzig und Dresden wuchsen angeblich zuhause bei den Lehrern solche Schultüten an Bäumen. Wenn diese groß genug waren, war es wohl Zeit für die Schule.

Shichi-Go-San (jap.: 七五三 fünf-sieben-drei)

Dieses Fest ist für alle Kinder in Japan, die ein bestimmtes Alter erreicht haben. Wer fünf, sieben oder drei Jahre alt ist, darf das erste Mal den Schrein besuchen und sich so richtig schick machen, zum Beispiel mit einem Kimono.

Bar Mizwa

Mit 13 Jahren feiern die Jungen ihre Aufnahme in die jüdische Religionsgemeinschaft. Die Feier heißt »Bar Mizwa«. Sie können jetzt aus der Tora vorlesen und den Tefillin (Gebetsriemen) richtig anlegen.

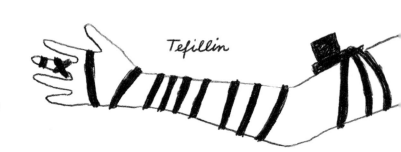

Tefillin

Kippa

Kopfbedeckung aus Stoff.
Trägt man zum Gebet.

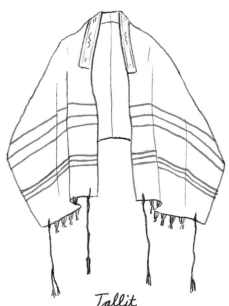

Anlegen des Tefillins
Gebetskapsel auf den Oberarm legen und die Riemen 7 Mal um den Unterarm wickeln, Kopfteil über die Stirn am Hinterkopf mittels Knoten befestigen, Riemen um Hand und Finger wickeln. Achtung: Immer um den schwächeren Arm wickeln. Rechtshänder wickeln um den linken und Linkshänder um den rechten Arm. Dann passts!

Ameisenfest

Die männlichen Jugendlichen der Sateré-Mawé in Brasilien stecken ihre Hände für 10 Minuten in einen geflochtenen Handschuh mit stechenden Riesenameisen. Wer das aushält, der ist erwachsen!

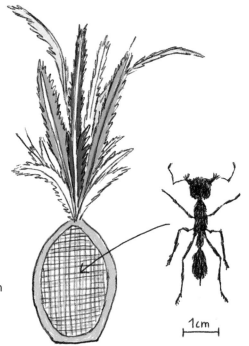

1cm

Ameisenhandschuh

Tallit

Gebetsmantel
für das Morgengebet.

Jugendweihe & Jugendfeier

Mit 14 Jahren feiern Mädchen und Jungen vor allem in Ostdeutschland die »Jugendweihe« oder »Jugendfeier«. Auf diesen Tag haben sie sich ein Jahr lang vorbereitet. Sie kennen jetzt alle Benimmregeln. Wer christlich aufwächst, der feiert alternativ die »Konfirmation«.

10. Ein bisschen Schmerz muss sein: Erwachsenwerden

Eines Tages werden Kinder zu Erwachsenen. Überall auf der Welt ist dieser Zeitpunkt mit Ritualen verbunden. Die Jugendlichen werden in die Geheimnisse der Erwachsenenwelt eingeweiht, müssen Prüfungen bestehen und manchmal auch ein bisschen Schmerz oder Angst aushalten, danach wird der Eintritt in die neue Lebensphase von der Gemeinschaft mit einem großen Fest gefeiert. Diese Art von Ritualen, die den Übergang vom Kindsein zum Erwachsensein markieren, nennen Ethnologen »Rites de passage«, Übergangsriten oder auch Initiation.

X SCHULE NERVT

X ELTERN = DOOF

X HÄNDE UND FÜSSE WERDEN GRÖSSER"

X UNGLÜCKLICH VERLIEBT

X DAS LEBEN IST SOOO ANSTRENGEND

X GEHIRN ARBEITET LANGSAMER ...
   ...SEHR VIEL LANGSAMER

Teenager

Ab einem Alter von 10 Jahren wachsen Mädchen explosionsartig. Bei Jungen geht es zwei Jahre später los. Jetzt sind die Jugendlichen sogenannte »Teenager« (engl. »teen« = zehn). Erwachsen sind sie aber noch lange nicht. Ab wann ist man denn erwachsen? Den Zeitpunkt bestimmt die Gemeinschaft, in der man aufwächst.

① ②

21

Shiva aus Indien

Im Tanz kann der hinduistische Gott Shiva jede »Unwissenheit« zerstören. Seine vielen Arme helfen ihm dabei.

Sterbender Buddha aus Thailand

Keine Lust mehr auf Wiedergeburt: liegend und meditierend geht er ins Nirwana ein und wird eins mit allem.

Schamanenkleid aus Sibirien

Der Schamane trommelt sich mithilfe seiner Trommel in Trance und kann dann in seinen Träumen zwischen Himmel, Erde und Unterwelt hin- und herfliegen.

Friedwald
Hier wurde die Asche von Dieter verstreut.

Frau von Dieter

Urne
Darin ist die Asche von Oma Henni.

Grabstein mit Kieseln

Auf ein jüdisches Grab legen die Angehörigen Steine und Kiesel. Dieser Brauch ist sehr alt und stammt aus einer Zeit, als es noch keine festen Grabsteine aus Marmor für die Toten gab. So brachte jeder einen Stein mit und legte ihn auf das Grab bis es vollständig bedeckt war.

22

Am Tag der Toten feiern die Menschen in Mexiko den Besuch der Verstorbenen aus dem Jenseits. Die ganze Familie trifft sich zum Feiern auf dem Friedhof.

Catrina aus Mexiko

Skelett in vornehmen Frauenkleidern.

Aussehen wie ein Totenkopf gehört auch dazu.

Es gibt Totenköpfe aus Zuckerguss in den Geschäften zu kaufen!

11. Tod und Sterben: Was kommt danach?

Menschen müssen sterben, genau wie alle anderen Lebewesen. Für die meisten von uns hat der Tod etwas Unbegreifliches und ziemlich Unheimliches. Auch die Angst vor dem Ungewissen teilen wir miteinander. Was kommt danach? Was bleibt von uns? Und: bleibt überhaupt etwas?
Auch wenn alle Menschen diese Fragen beschäftigen, so gibt es viele verschiedene Möglichkeiten mit dem Tod und dem Sterben umzugehen und es gibt viele unterschiedliche Vorstellungen darüber, was uns nach dem Tod erwarten könnte.

23

Simon

Simon soll zum Fahrradfahren immer einen Helm aufsetzen.

Jacob

Jacob trägt eine Kippa, wenn er in die Synagoge geht.

August

August der Starke trägt gerne eine modische Perücke, die ihn im schlecht beheizten Schloss wärmt.

Maria

Schwester Maria trägt eine Nonnentracht, einen »Habit«. Dazu gehört auch, dass sie ihre Haare und ihren Hals unter einem weißen Schleier versteckt.

Elisabeth

Königin Elisabeth II. mag schräge Hüte.

Erna

Zum Einkaufen trägt Oma Erna ein Kopftuch.

Bruno

Opa Bruno hat überhaupt keine Haare mehr.

Jinan

24

Jinan trägt einen »Hijab«, ein muslimisches Frauenkopftuch. Hier siehtst du, wie sie es bindet.

Susi

früher *heute*

Susi hatte früher zwei lange geflochtene Zöpfe,
jetzt trägt sie eine grüne Punkfrisur.

yelda

Kopfschmuck aus der Mongolei

Findest du nicht auch, dass Yelda ein
bisschen an die Star Wars Prinzessin Amidala
erinnert?

Mojo

Mojo mag am liebsten Cornrows.
Die eng geflochtetenen Zöpfe
erinnern an Maiskolben
(Mais = engl. Corn), daher der Name.

Jigme

Jigme hat sich seine Haare abrasiert. Als Buddhist
möchte er sich nicht mehr darum kümmern müssen,
ob er gut aussieht oder nicht.

12. Chapeau: Hüte, Tücher und Frisuren

Du kannst viel entdecken, wenn du Menschen auf die Köpfe schaust: schräge Hüte,
warme Mützen, bunte Tücher und aufwending frisierte Haare. Menschen bedecken
ihre Köpfe aus den unterschiedlichsten Gründen: zum Schutz vor Sonne oder Kälte,
als Ausdruck einer inneren Haltung, aber auch um ihre Macht zu zeigen. Manchmal
gehört die Kopfbedeckung zur Berufskleidung. Und wie jemand seine Haare frisiert,
ist nicht immer eine Frage der Mode, sondern manchmal auch der Religion.

13. Fashion! Kleider machen Leute

Niemand auf der Welt läuft nackt herum. Alle Menschen kennen Kleidung. Kleidung kann aus Stoff, Leder, Federn, Fell oder anderen Materialien sein. Ob Jacke, Hose, Kleid oder Mantel: Kleidung schützt unseren Körper vor Blicken und Wetter. Aber sie verrät auch etwas über unser Alter oder unseren Beruf. Für verschiedene Anlässe kleiden wir uns ganz unterschiedlich: tun wir das nicht, kann das sogar manchmal Ärger bedeuten. Was würde passieren, wenn du zum Beispiel in deinem Schlafanzug in die Schule gehst?

Uniform

In einer Uniform sehen ihre Träger alle gleich aus. Mit dem Tragen der Uniform zeigen die Träger ihre Zugehörigkeit zu einer Gruppe. Polizisten, Soldaten, aber auch Schüler tragen Uniformen. Und manchmal auch die Aufsichten eines Museums.

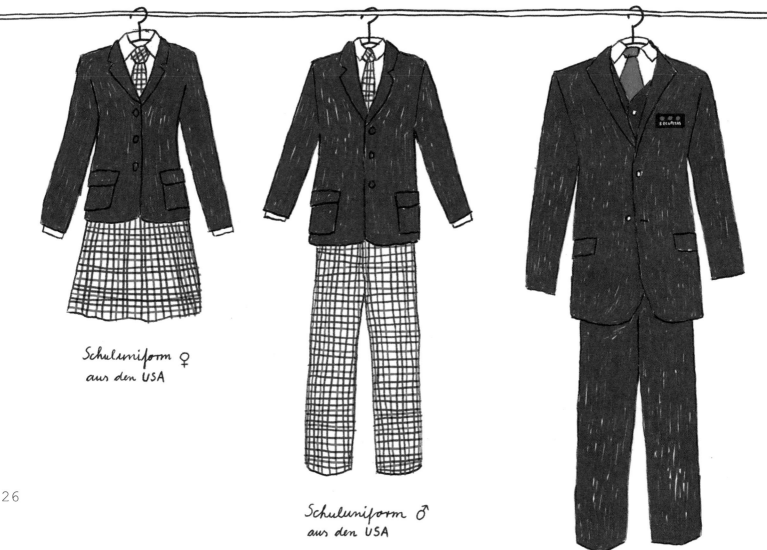

Schuluniform ♀
aus den USA

Schuluniform ♂
aus den USA

Uniform einer Museumsaufsicht

Sari

Der Sari ist ein Kleidungsstück für Frauen und wird in Indien, Nepal, Bangladesch und Pakistan im Alltag und zu besonderen Anlässen getragen. Er besteht aus einem langen Stück Stoff, der mindestens fünf Meter lang ist. Du brauchst viel Geschick, dich darin einzuwickeln. Keine Sorge, unter dem Tuch trägst du auch noch etwas: eine kurze Bluse und einen langen Unterrock.

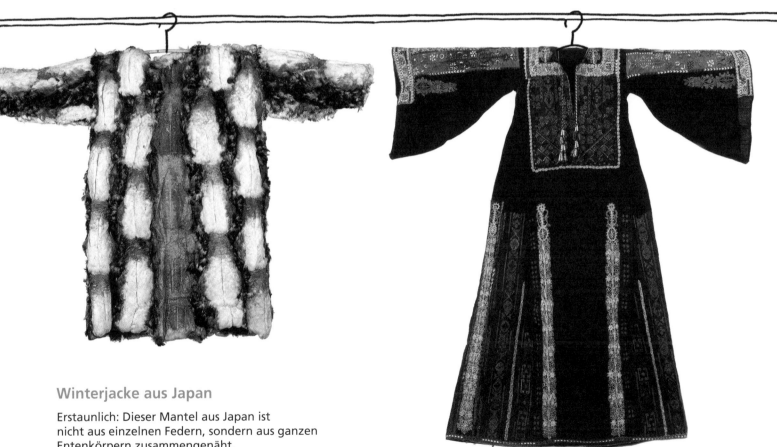

Winterjacke aus Japan

Erstaunlich: Dieser Mantel aus Japan ist nicht aus einzelnen Federn, sondern aus ganzen Entenkörpern zusammengenäht.

Hochzeitskleid aus Palästina

Bestickt mit Samt und Seide sieht es prachtvoll aus.

27

Martha möchte
die Rollschuhe
am liebsten nie
ausziehen.

Lusie findet
Birkenstock-Schuhe
ganz schön
hässlich.

John hat seiner
Tochter Mokkasins
mit bunten
Perlen bestickt.

Leo braucht
zum Tauchen
Schwimmflossen.

Lin hat in einer
kleinen Schachtel
die Lotus-Schuhe
ihrer Ur-Großmutter
aufbewahrt, die
viel zu klein sind.

14. Schuhbidoo

Seit ungefähr 40.000 Jahren tragen Menschen Schuhe. Barfuß laufen ist eben nicht immer
eine Alternative. Ohne Schuhe können wir schnell kalte Füsse bekommen oder sie auf
steinigem Boden verletzen. Schuhe können bequem und praktisch sein. Und in manchen
Schuhen fühlen wir uns ganz schön elegant und wichtig. Schuhe verraten sehr viel über uns:
unsere Vorlieben, Abneigungen, manchmal unseren Beruf und auch unsere Zugehörigkeit
zu einer Gruppe.

Tom trägt Schuhe aus Autoreifen.

Diego mag High Heels.

Peter trägt Gummistiefel wenn es regnet.

Ilona läuft im Sommer am liebsten mit Flip Flops.

Nuka hat Schneeschuhe.

NO FOOTWEARS BEYOND THIS POINT

LASS DEINE SORGEN + SCHUHE VOR DER TÜR

Vor dem Betreten der Moschee heißt es: Schuhe aus!

Zuhause bei Müllers auch.

29

15. Schminke, Piercing und Tattoos

Jeder Mensch möchte so gut wie möglich aussehen: mit Hilfe von Schmuck, Tattoos, Tatauierungen oder Farbe. »Körpermodifikation« nennt man Veränderungen, die Menschen an ihrem Körper vornehmen, um sich schöner zu fühlen oder damit die Verbundenheit zu einer Gruppe zu zeigen. Körpermodifikation gibt es überall auf der Welt.

Für ein Tattoo wird mit einer Tättowiermaschine Tinte unter die Haut gestochen, so dass ein Bild oder ein Text entsteht. Beim Piercing werden Stäbe oder Ringe durch die Haut in die Ohrläppchen, Lippen oder Nase gebohrt (ja, es tut weh!). Beim Tatauieren wird absichtlich Ruß in eine Wunde gebracht, damit große Narben entstehen, die später wie Muster aussehen. Es gibt viele Möglichkeiten, seinen Körper zu verändern. Was jedoch schön ist, das bestimmt jeder selbst.

Maske aus Mosambik

Erkennst du Lippenpflock und Ohrpiercing?

Figur aus Neuseeland

Gefällt dir das Muster in seinem Gesicht?

Jenny trägt ein birmanisches Make-up, eine gelbe Paste, die vor UV-Strahlen schützt.

Emilia hat sich Löcher in die Ohren stechen lassen. Sie hat jetzt Ohrringe.

Ein »Tika«, ein roter Punkt auf der Stirn, bringt Glück.

Henna-Tattoo

Petra und Franzi tragen Eheringe.

Anna und Henri rasieren sich die Haare unter den Achseln.

31

Der Dalai Lama sagt:
»Nichts ist von Dauer, alles unterliegt dem stetigen Wandel.«

Die Ägypter im antiken Ägypten sagten:
»Wir wollen alle nach dem Tod weiterleben!«

Die Römer im antiken Rom sagten:
»Die Götter sind wie wir!«

Bindi glaubt, dass mythische Traumzeitwesen die Erde aufgeräumt haben. Vorher lag alles verstreut herum. Dann krochen sie in Felsspalten und erst dann war die Erde für die Menschen bewohnbar.

Hildegard ist Agnostikerin. Sie glaubt an etwas übernatürliches, weiß aber nicht genau, an was.

16. Und was glaubst du?

Überall auf der Welt denken Menschen über das Leben nach. Sie stellen sich Fragen nach dem Sinn und ob es ein Leben nach dem Tod gibt.
Wir alle fragen uns zuweilen: Wer bin ich? Woher kommen wir? Was darf ich tun?
Der Glaube an übernatürliche Kräfte beeinflusst unser Handeln, Fühlen und Denken und auch das, was wir für wertvoll im Leben halten. Das nennen wir Religion oder Spiritualität.
Auch wenn wir an nichts Übernatürliches glauben, so haben wir doch alle eine – wenn auch unterschiedliche – Vorstellung davon, was richtig oder falsch ist und nach welchen Regeln wir miteinander leben wollen.

Nakoruru glaubt, dass alles, auch Felsen eine Seele haben.

IT'S A STRANGE MYTH THAT ATHEISTS HAVE NOTHING TO LIVE FOR. IT'S THE OPPOSITE. WE HAVE NOTHING TO DIE FOR. WE HAVE EVERYTHING TO LIVE FOR.

Christian ist Atheist. Er glaubt an nichts.

Samy sagt: »Das Haar ist ein Geschenk Gottes und sollte daher nicht geschnitten, aber zweimal am Tag mit einem Kamm gekämmt und unter einem Turban festgesteckt werden.«

Azura sagt: »Man soll niemals allein essen und sein Essen immer teilen.«

Djamal ist Muslima und sagt: »Wenn man Streit hat, sollte man am 3. Tag wieder aufeinander zugehen.«

33

Muhammad rollt seinen Gebetsteppich so aus, dass er immer in Richtung Mekka zeigt. Dafür ist ein Kompass im Teppich eingewebt.

Debbie zündet jeden Freitagabend zwei Kerzen für den Sabbat an. Fleisch und Milchprodukte müssen getrennt sein.

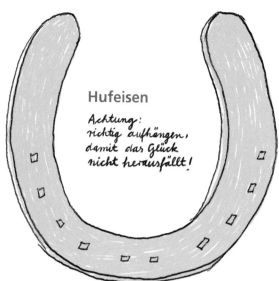

Hufeisen

*Achtung:
richtig aufhängen,
damit das Glück
nicht herausfällt!*

Glücksbringer aus Neuseeland

Der Glücksbringer »Hei-Tiki« sieht aus wie ein Baby und soll seiner Trägerin viele Kinder bringen.

Winkekatze

Hält den Arm nie still.

Sorgenpüppchen

*Den Sorgenpüppchen die Sorgen anvertrauen und abends unters Kopfkissen legen.
Morgen sind die Sorgen weg.*

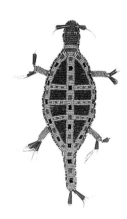

Schildkrötenamulett aus Nordamerika

Eltern bewahren in diesem Amulett aus die Nabenschnur ihres Babys auf. Dann bringt ihm dieses Amulett ein Leben lang Glück.

17. Schützende Begleiter: Amulette, Talisman und Glücksbringer

Jeder von uns besitzt einen Gegenstand mit ein bisschen Zauberkraft: etwas, das uns Glück bringt, Kraft gibt und uns beschützt. Wir bekommen Glücksbringer zur Geburt, zur Hochzeit oder zu einem anderen besonderen Anlass geschenkt.

Amulette können wir als Schmuck um den Hals oder um das Handgelenk tragen. Talismane und Maskottchen sind kleine Gegenstände, die uns Glück bei einem bestimmten Vorhaben bringen sollen, beispielsweise bei einem Fussballspiel, einer Klassenarbeit oder einer Reise. Manchmal sind sie auch Erinnerungsstücke an jemanden.

Wir schmücken sogar unsere Wohnung mit Gegenständen, die alles Unangenehme fernhalten sollen: vielleicht mit einem Spruch, einem Hufeisen oder einem Glücksschwein? Die meisten Menschen erhoffen sich von ihren Glücksbringern ein langes und sorgenfreies Leben, Gesundheit, Erfolg und Reichtum. Was ist für dich Glück? Welcher Glücksbringer hat dir Glück gebracht?

Fatimas Hand

Schützt vor dem bösen Blick.

Sorgenfresser

Sorgen auf kleine Zettel schreiben,
Zettel ins Maul stecken,
Reißverschluß zumachen und
eine Nacht drüber schlafen.
Die Sorgen sollten bald verschwunden
sein.

Maske aus Nigeria

Die Maske deckt Hexereien,
Verbrechen und Egoismus auf
und zwingt die Schuldigen immer
zur Einsicht. Das tut allen gut!
Die Maske mit dem Krokodilkopf
und das Kostüm stammt aus
den Gegenden zwischen Nigeria
und Kamerun.

20 * C + M + B * 18

Sternsinger

Malen mit Kreide das Glück an die Tür.
Immer zum Dreikönigssingen zwischen
Weihnachten und dem 6. Januar.

Schokoladenkäfer

Macht manchmal auch glücklich.

18. Musik! Musik! Musik!

Menschen lieben Musik. Sie brauchen sie zum Tanzen, zur Unterhaltung und um sich mitzuteilen. Musik kann helfen, Gefühle wie Freude und Trauer stärker zu spüren – zusammen mit anderen oder alleine. In religiösen Zeremonien spielt Musik fast immer eine Rolle. Aber was ist der Unterschied zwischen Musik und Geräusch? Ab wann ist ein Klang Musik? Ganz einfach: Musik entsteht durch Menschen, wenn sie Klänge ordnen, Töne sortieren und Rhythmen planen, egal ob es für unsere Ohren angenehm oder sonderbar klingt. Das ist Musik!

Die Zhou Family Band spielt seit vielen Generationen in China Festmusik bei Geburten, Hochzeiten, aber auch bei Begräbnissen.

Mama singt Ben jeden Abend ein Schlaflied.

Mehdi spielt die Oud. Er hat sie aus Syrien mitgebracht.

Louis Amstrong und seine Jazzband
»His Hot Five« in Chicago 1927.

Gordon spielt einen Dudelsack.

Jedda spielt ein Didgeridoo.

Chaba Fadela ist eine berühmte Raï-Sängerin.
Raï ist algerische Popmusik, die in den
80er Jahren besonders beliebt war.

37

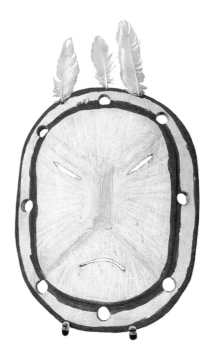

Dämonenmaske aus Alaska

Dieser Bergdämon ist gar nicht freundlich:
er verfolgt nämlich die Menschen.

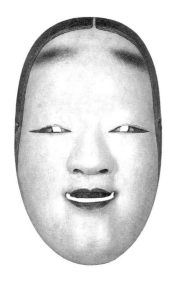

Maske aus Japan

Im japanischen Nō-Theater spielen
männliche Schauspieler alle Rollen.
Um Frauen, Götter oder Dämonen
zu spielen, setzen sie die Nō-Maske auf.
Die Maske ist etwas kleiner als der Kopf
des Schauspielers. Abhängig davon
wie der Spieler den Kopf neigt,
erkennen die Zuschauer unterschiedliche
Gesichtsausdrücke in der Maske.

Spiderman

Maske des berühmten Comic-Helden

Maske aus Kamerun

Erkennst du die Hörner einer Antilope?

19. Masken

Das arabische Wort »maskharat« heißt übersetzt soviel wie: Scherz. Mit einer Maske vor
deinem Gesicht, kannst du dir nämlich einen Scherz erlauben. Du kannst dich in jemanden
anderen verwandeln: in ein Tier, einen Geist oder ein unheimliches Wesen.
Weltweit benutzen Menschen Masken, um in eine andere Rolle zu schlüpfen: auf der Bühne
eines Theaters, während einer religiösen Zeremonie oder auch aus Protest. Das Spannende
ist, dass eine Maske erst durch ihren Spieler lebendig wird. Ohne ihn, ruht sie einfach nur.

Guy-Fawkes-Maske

Im Jahr 1605 versuchte der Engländer Guy Fawkes den König zu stürzen. Heute tragen Demonstranten in der ganzen Welt eine Guy-Fawke-Maske als Zeichen politischen Widerstandes.

Wrestlingmaske aus Mexiko

Während des Kampfes schlüpfen die Träger mithilfe ihrer Maske in die Rolle eines Tieres, eines Gottes oder einer Fantasiefigur Wer den Kampf verliert, wird enttarnt und muss die Maske abnehmen.

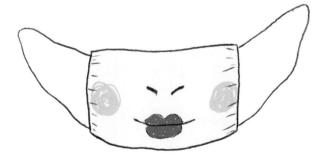

Elefantenmaske aus Kamerun

Aufwendig mit Perlen bestickt.

Mundschutz

Ärzte und Pflegepersonal tragen ihn bei Operationen im Krankenhaus. In Japan ist das Tragen des Mundschutzes sehr verbreitet: um andere nicht mit der eigenen Erkältung oder Grippe anzustecken, aus Schutz vor Pollen, Staub und Radioaktivität. Es gibt sie aus Stoff oder Zellstoff, bunt, einfarbig und mit Bildern drauf. Berühmtester Träger eines Mundschutzes: Michael Jackson.

39

Katzenfreunde

Kakaotrinker

Rollkragenpulloverhasser

20. Wer gehört zu wem?

Aus welchen Gründen fühlst du dich einer Gruppe zugehörig? Weil du dieselbe Sprache sprichst, im selben Land lebst oder denselben Pass hast? Weil du ähnliche Erfahrungen gemacht hast? Oder weil du mit anderen deine Interessen, Vorlieben oder Abneigungen teilst? Vielleicht fühlst du dich auch nicht nur einer einzigen Gruppe verbunden, sondern mehreren: zum Beispiel allen Rollkragenpulloverhassern, aber auch allen Katzenliebhabern und zusätzlich allen, die unter der Dusche singen und solchen, die schon mal von einem Hund gebissen wurden. Stell dir vor, du dürftest dich hier nur für eine einzige Gruppe entscheiden! Wie doof wäre das!